Der Weg zum Glück im Alter

von

Léandre Lachance

Der Weg zum Glück im Alter

Autor: Léandre LACHANCE

Illustrationen: Samuel Véronneau – E-Mail: samuelveronneau@hotmail.com
Infografik: Julie Laflamme

Anmerkung des Herausgebers:
In diesem Buch wird die maskuline Form verwendet ohne deshalb jemanden diskriminieren zu wollen, sondern in der alleinigen Absicht, den Text nicht unnötig zu beschweren.

La Fondation des Choisis de Jésus
CP 22019
Sherbrooke, QC
J1E 4B4 CANADA
Tel. +1 819 565 9621   Fax +1 819 565 0608
E-Mail: equipe@fcdj.org   www.fcdj.org

© April 2013
PARVIS-VERLAG
Route de l'Eglise 71
1648 Hauteville/Schweiz

www.parvis.ch – buchhandlung@parvis.ch

Tel. +41 26 915 93 93
Fax +41 26 915 93 99

Gedruckt in der E.U.

ISBN 978-2-88022-861-3

Mein Dank

Ich preise Gott für die Menschen, die der Herr mir begegnen ließ, um meinen Schwächen abzuhelfen. Dank der Mitarbeit folgender Personen konnte dieses kleine Buch realisiert werden:

*Pfarrer Guy Giroux, Christian Laflamme,
meine Ehefrau Elisabeth und Diane Laflamme.*

Diesen Personen sage ich danke und bitte Jesus, ihnen eine ganz besondere Gnade zu gewähren, die Gnade, in Frieden, Freude und Liebe alt zu werden.

Vorwort

Mit diesem Buch möchte ich die Leser anregen, über den Sinn unseres Lebens nachzudenken. Es liegt mir fern, jene, die nicht meiner Meinung sind, zu verurteilen. Man sollte ja nicht denken, ich unterstelle ihnen fehlende Intelligenz. Sie stehen vielleicht unter dem Einfluss einer Welt, die ohne Gott auskommen will. Wahrscheinlich haben sie sich nie folgende Fragen gestellt:

1. Warum vernachlässige ich meine Seele, obwohl ich weiß, dass ich eine habe?

2. Warum berücksichtige ich in meinem Leben die Lehre Gottes nicht, obwohl ich weiß, dass Er existiert?

3. Warum mache ich mir über meine ewige Glückseligkeit keine Gedanken, obwohl ich weiß, dass mich ein neues Leben erwartet?

Léandre Lachance

Geleitwort

Viele haben vor dem Altwerden Angst. Sie fürchten, mit dem Alter stelle sich Krankheit ein, Leiden sei das tägliche Los, die Zukunft, von der sie träumen, werde nicht Wirklichkeit. Sie haben Angst, nur noch Enttäuschungen zu erleben.

Wenn es aber an der Zeit ist, diese Welt zu verlassen, klammert man sich daran, möchte man gern noch auf der Erde leben. Aber das ist nicht der Liebesplan Gottes. Er bereitet uns ein unbeschreibliches Glück, und das für die Ewigkeit. Dieses Geschenk gibt uns Gott in seiner unendlichen Güte. Doch lehnen einige dieses Geschenk ab. Wie glücklich sind jene, die es annehmen.

Es kommt vor, dass wir die große Realität des ewigen Lebens vergessen, ja sogar leben, als existiere es nicht. Oft sind wir in ein Räderwerk geraten, wo wir keine Zeit mehr haben, über das Wesentliche unseres Lebens nachzudenken. Warum bin ich auf der Erde?

Léandre Lachance stellt heute scharfsinnige Überlegungen an über die Bedeutung unseres Lebens, über das Altwerden und vor allem über die Vorbereitung auf die große Begegnung mit unserem Gott der Liebe.

Er teilt mit uns die Früchte seiner Erfahrung. Er ist erfahren in der Geschäftswelt, in seinem familiären Leben, in seinem gesellschaftlichen und geistlichen Leben. Er teilt uns mit, dass das Leben nicht kompliziert ist. Oft sind wir es, die es kompliziert machen. Das Wissen, wie man zum Wesentlichen gelangt und in Gottes Gegenwart lebt, ist sein Geheimnis.

Ich segne alle Leser und bitte Gott, euch mit seinem Frieden und seiner Liebe zu erfüllen.

Guy Giroux, Priester

Prolog

«Wenn du im Alter ein glückliches Leben führen möchtest, musst du weiterhin Pläne schmieden.»

Einleitung

Mein ganzes Leben lang habe ich Menschen sagen hören:

«Alt werden ist nicht gerade rosig!»

Was die Zukunft bringen wird, weiß ich nicht, aber mit 78 Jahren ist mein Leben schöner denn je!

Denn bei meinem Geburtstag habe ich immer den Eindruck, gerade das schönste Jahr meines Lebens gelebt zu haben. Ich bin immer motivierter, anderen beim Entdecken eines neuen Glücks zu helfen. Ich nehme wahr, dass das, was ich in meinem Innern erlebe, die Hauptursache meines wahren Glücks ist; dazu kommt das Staunen über Gottes Wirken in den Herzen und in der Schöpfung, dessen Zeuge ich sein darf. Wie gern hätte ich, dass sich die Menschen in meinem Alter bewusst werden, dass sie sich im wichtigsten Zeitabschnitt ihres Lebens befinden.

Beim Schreiben dieses Bandes möchte ich Überlegungen anstellen, die den Menschen zu einem neuen Blick auf das Altwerden verhelfen sollen, insbesondere denen, die vor dem Altwerden Angst haben. So werden sie entdecken, dass das Leben im Alter immer schöner werden kann trotz der dem Leben innewohnenden Prüfungen. Das kann schon jetzt beginnen.

> **Unglück:** Viele fürchten im Alter das Unglück und fragen sich, wie sie es vermeiden können. Ein Hinweis kann uns das Wort «Unglück» in der frz. Sprache geben: Malchance. Die erste Silbe dieses Wortes, «mal» ist «übel». Das Übel ist also die Quelle des Unglücks. Wo, wann, wie? Ich weiß es nicht. Aber eines ist sicher: Das Übel führt das Unglück herbei.

> **Glück:** Wir alle wären im Alter gern glücklich. Wieder ausgehend vom Französichen, wo «Glück» mit «bonheur» übersetzt wird, finden wir die erste Silbe «bon»=«gut». Das Gute zieht also das Glück an. Wo, wann, wie? Ich weiß es nicht. Aber eines ist sicher: Das Gute bringt das Glück mit sich.

1. Kapitel

1. Kapitel
Sein oder nicht sein, das ist die Frage.

Kürzlich begegnete ich einem Freund aus der Kindheit. Ich freue mich immer, ihn zu treffen, da er Güte, Glück und Lebensfreude ausstrahlt und sehr humorvoll ist. Mit seinen 87 Jahren hat er heute noch dieselbe Ausstrahlung. Ich fragte ihn, ob er noch Auto fährt. Lachend antwortete er mir: «Nein, eine Aufregung weniger.» Woran er sein Leben lang gearbeitet hat, das ist zur Reife gelangt.

Ein 95-jähriger Priester sagte mir: «Wenn du im Alter glücklich sein willst, musst du weiterhin Pläne schmieden.» Er war soeben in eine neue Wohnung gezogen, die er gerade für sich einrichten ließ. Er empfängt regelmäßig Personen, die er geistlich begleitet, und spendet das Sakrament der Versöhnung.

Unser ganzes Leben lang müssen wir, so glaube ich, wachsen. Wie ich bemerkte, verdorrt und stirbt ein Baum, wenn er zu wachsen aufhört. Dasselbe gilt für uns.

- **Wie kann ein Mensch wachsen, wenn seine körperlichen und geistigen Kräfte abnehmen?**

- **Wie kann er an seinen Plänen festhalten?**

- **Wie kann er helfen?**

- **Wie kann er geben?**

- **Wie kann er noch nützlich sein?**

So viele Fragen stellen wir uns im Alter. Wir werden versuchen, darauf zu antworten.

Um auf diese Fragen Antworten zu finden, muss man meines Erachtens den Menschen ganzheitlich betrachten: Körper, Verstand, Seele und Geist. Das Altern des Körpers kann und soll die Entfaltung der Seele und des Geistes fördern. So kann der Mensch weiterhin wachsen.

Leider schlägt uns unsere Gesellschaft diese Werte nicht vor, sondern oft das Gegenteil:

«Lebe für deinen Körper und mache dir keine Gedanken über deine Seele. Bist du jung? – Genieße, ohne nach den Folgen zu fragen. Bist du im Ruhestand? – Vernachlässige weiterhin deine Seele und vergnüge dich, das hast du dir verdient: Urlaub, Reisen, gutes Essen, Freizeitbeschäftigungen, Sport, Tanzen, Golf, usw.»

Es kommt der Augenblick, in dem das Körperliche und das Geistige hinfällig werden. Dann hat man den Eindruck, alles bricht zusammen, das ist der totale Verfall. Dieselbe Gesellschaft, die angeblich euer Wohlbefinden will, denkt zur Zeit über radikale Lösungen nach: Euthanasie und Suizidbeihilfe, wobei die Bedeutung der Seele immer vergessen wird.

Wer sich im Leben ganzheitlich entwickeln möchte, weiß, dass die Gesundheit der Seele wichtiger ist als die Gesundheit des Körpers. Wenn also die körperlichen Kräfte abnehmen, wächst man in der Seele weiter.

Als ich jung war, meinte ich, man sei im Alter weise. Ich habe so viele Verrücktheiten aller Art gesehen, die von Älteren begangen wurden, dass ich meine Meinung ändern musste. Ich bin zu dem Schluss gekommen, dass das, was man gesät und kultiviert hat, im Alter zur Reife gelangt:

> Wenn du Weisheit geübt hast,
> *wirst du weiser sein.*

> Wenn du wahre Liebe geübt hast,
> *wirst du mehr lieben können.*

> Wenn du Geben in allen seinen Formen geübt hast,
> *wirst du viel geben können.*

> Wenn du Liebenswürdigkeit geübt hast,
> *wirst du liebenswürdiger sein.*

> Wenn du Vergebung geübt hast,
> *wirst du leicht vergeben.*

> Wenn du Frieden geübt hast,
> *wirst du überall, wo du vorbeikommst, Frieden stiften.*

> Wenn du Freude geübt hast,
> *wirst du immer fröhlich sein.*

> Wenn du Güte geübt hast,
> *wirst du ein Mensch von vorbildlicher Güte sein.*

Hingegen:

> Wenn du Kritik geübt hast,
> *wirst du noch mehr kritisieren.*

> Wenn du Groll und Rache geübt hast,
> *wirst du rachsüchtiger sein.*

> Wenn du Rivalität geübt hast,
> *wirst du dich nicht mehr mit den Menschen um dich herum verstehen können.*

> Wenn du Zorn geübt hast,
  wirst du jähzorniger sein.

> Wenn du Trunksucht geübt hast,
  wirst du trunksüchtiger und kränker sein.

> Wenn du Geiz geübt hast,
  wirst du geiziger sein.

Diese Beispiele können wir fast ins Unendliche vervielfachen.

Was wir im Laufe unseres Lebens gesät und kultiviert haben, gelangt also zur Reife. Wenn wir dem Vergänglichen Bedeutung beigemessen haben, wird uns sicher eines Tages das Unglück einholen, denn es wird nichts von all dem bleiben. Auch wenn ich der größte Star war, die auf der Welt beliebteste Person, der reichste Mann, alles wird vergehen. Wir müssen für das Unvergängliche zu leben lernen, das heißt für unsere Seele und unseren Geist.

Ja, unsere Entscheidungen führen uns auf den Weg des Glücks bzw. auf den Weg des Unglücks.

Der Sonne zugewandte Blumen im Gegensatz
zu der sich selbst zugewandten Blume.

Das erinnert mich an eine indianische Legende:

Ein kleiner Junge liebte seinen Großvater sehr. Sie waren oft zusammen und gingen in der Natur spazieren. Die beiden liebten die Tiere, die Bäume, die Blumen, den Fluss. Wenn sie zusammen waren, verging die Zeit sehr schnell. Bei diesen Ausflügen versäumte der kleine Junge nicht, seinen Großvater zu bitten, ihm Geschichten zu erzählen.

Eines Tages wollte der Großvater, ein Indianer, seinen Enkel Anuk für den Wunsch, besser zu werden, empfänglich machen. Er sagte zu ihm:

«Weißt du, Anuk, in jeder Person gibt es zwei Wölfe. Mit zwei Wölfen habe ich mein Leben verbracht und werde es weiterhin verbringen. Es gibt einen guten und einen schlechten Wolf.

Der gute Wolf liebt mich und will, dass ich glücklich bin. Er will, dass ich um mich herum Liebe verbreite. Er will, dass ich die anderen liebe und gut zu ihnen bin. Er will, dass ich gerecht, ehrlich und großherzig bin. Er inspiriert mich, viel Gutes zu tun, damit ich glücklich bin.

Es gibt auch den schlechten Wolf. Er hasst mich so sehr, dass er mich zerstören möchte. Er will, dass ich viel Alkohol trinke, viele Drogen nehme. Er will, dass ich meine Überlegenheit, meine Kraft zeige, indem ich mich mit anderen schlage. Er sucht den Streit. Ja er will, dass ich unglücklich bin.

Diese beiden Wölfe bekämpfen sich ständig in mir. Der schlechte Wolf will den guten Wolf schlagen und der gute Wolf hätte gern, dass der schlechte Wolf sich bessert.»

Neugierig fragte Anuk ihn:
«Großvater, welcher wird denn siegen?»

Der Großvater anwortete:
«Jener, auf den ich am meisten höre und den ich am besten füttere.»

Indianische Legende

2. Kapitel

Wie gebrauchen wir unseren Verstand?

2. Kapitel
Wie gebrauchen wir unseren Verstand?

Wir alle wissen, dass wir nicht nur einen Körper, sondern auch einen Verstand haben. Dieser kann im Dienst unseres Körpers, unseres Geistes, unserer Seele stehen. Er kann in sich selbst schwelgen oder aber Gott und den anderen dienen.

Der Verstand im Dienst unseres Körpers:

Wenn unser Verstand einzig und allein im Dienst unseres Körpers, seines Vergnügens und Genusses steht, dann stellt sich beim Verfall des Körpers die Katastrophe, das Unglück ein. Zum körperlichen Leid kommt das seelische Leid und oft die Verzweiflung.

Dasselbe gilt von der Jagd nach Geld, nach materiellen Gütern, nach Macht, Ehren und Ruhm. Alles wird verschwinden. Alles wird man zurücklassen müssen. Jenes Wort haben wir oft gehört: «Ins Grab kann man nichts mitnehmen.»

Der Verstand im Dienst seiner selbst:

Viele haben ihr Leben ihrer intellektuellen und wissenschaftlichen Bildung geweiht. Die Jagd nach Wissen wurde zu ihrem Gott. Sie sind zu echten wandelnden Lexika geworden. Wissen ist sicherlich gut und notwendig, aber es muss im Dienst Gottes und der anderen stehen. Viele haben das vergessen und sind, gewiss von Hochmut getrieben, übergewechselt. Sie meinten, aufgrund ihrer Kenntnisse Gott nicht zu brauchen. Diese Jagd nach Wissen stößt an dessen Grenze; denn der Verstand kann nicht erfassen, was ihn übersteigt, wie das Unendliche, die Ewigkeit usw. Früher oder später lässt auch diese Jagd im Alter nach und hört schließlich auf. Folgende einfache Geschichte[1] zeigt uns die Grenze des Wissens.

---

1. Vgl. *Graines de Sagesse, le chant du Grillon,* Ferrero, S. 29.

Eines Tages begibt sich ein selbstgefälliger, berühmter Universitäts-professor, ein Nobelpreiskandidat, an das Ufer eines Sees. Er bittet einen Schiffer, mit ihm eine Rundfahrt zu machen. Der gute Mann wil-ligt ein. Weit vom Ufer entfernt beginnt der Professor ihn zu fragen:

«Hast du Kenntnisse in Geschichte?»
– Nein, antwortet der Schiffer.

«Dann ist ein Viertel deines Lebens verloren. Verstehst du etwas von Astronomie?»
– Nein.

«Dann sind zwei Viertel deines Lebens verloren. Hast du Grund-kenntnisse in Philosophie?»
– Nein.

«Dann sind drei Viertel deines Lebens verloren.»

Plötzlich bricht ein furchtbarer Sturm los. Mitten auf dem See wird das kleine Boot wie eine Nussschale von den Wellen hin und her gerissen. Um sich trotz des Heulens des Windes verständlich zu machen, wen-det sich der Schiffer schreiend an den Professor:

– Kannst du schwimmen?
«Nein», antwortet der Professor.

– Dann ist dein ganzes Leben verloren.

Jener Satz von Dr. Alexis Carrel[2] beeinflusste mein Leben sehr:

«Eines der großen Probleme der modernen Wissenschaft ist, dass sie den Menschen auf die Ebene seines Verstandes begrenzt. Der Mensch erreicht seine wahre Dimension, wenn er sich auf die Ebene seines Geistes erhebt.»

Für ihn war der Verstand ein Vermögen unseres Geistes.

Einige Jahre später plauderte ich mit Dr. Maurice Leclerc, der damals 77 Jahre alt war. Er war der erste Dekan der medizinischen Fakultät der Universität Sherbrooke gewesen. Er sagte zu mir:

«Mein Leben lang hatte ich Glaubensprobleme; denn es war mir unverständlich, dass ein so guter Gott so viel Leid zulassen kann. Wenn ich gesündigt habe, bedarf ich zur Reinigung des Leidens. Das kann ich verstehen. Aber das Leiden eines Babys kann ich nicht verstehen. Es leidet, obwohl es nie gesündigt hat. Mir ist auch unverständlich, warum in unterentwickelten Ländern Kinder geboren werden, die dann viel Leid und Elend erfahren. Doch vor zwei Jahren habe ich akzeptiert, dass mein Gehirn nicht in der Lage ist, den Plan Gottes zu verstehen, genauso wenig wie die Unendlichkeit des Raums. Die Dimension des Unendlichen kann von unserem Verstand nicht erfasst werden.»

Er fügte hinzu: «Seitdem habe ich mit meinem Glauben keine Schwierigkeit mehr.»

Dieses Beispiel zeigt uns also, dass wir unseren Verstand gebrauchen können, um uns in höhere Höhen aufzuschwingen. Das bewirkt der Glaube an Gott.

---

2. Wissenschaftler, der zu Beginn des 20. Jahrhunderts die Medizin geprägt hat.

Ein Wissenschaftler stellt sich Fragen
über das Unendliche.

Unser Verstand im Dienst unseres Geistes:

Wie wir soeben gesehen haben, kann uns unser Verstand auf eine ihm höhere Ebene führen. Er kann uns auf den Weg des ganzheitlichen Wachsens führen. Oft können wir durch gute Fragen gute Antworten finden und uns auf diesen Weg begeben. Eine Frage stellt sich:

«Habe ich eine Seele?»

Antworte ich mit «Nein», brauche ich mir über sie keine Gedanken zu machen; ich kann einzig und allein für meinen Körper und meinen Verstand leben. Bei meinem Tod wird es nichts mehr geben; ich werde für immer weg sein. Antworte ich mit «Ja», dann glaube ich, dass ich eine Seele habe, die nach dem Tod meines Körpers überleben wird. Ich muss ihr also Nahrung geben und sie auf das ewige Glück vorbereiten.

Unser Verstand im Dienst unserer Seele:

Da unsere Seele ewig lebt, können wir ständig wachsen. Auch wenn unser Körper verfällt oder stirbt, das Leben geht weiter. Darum ist es wichtig, sie gut vorzubereiten. Damit dies gelingt, müssen wir alle auf eine andere sehr wichtige Frage antworten: Existiert Gott? Antworte ich mit «Nein», brauche ich mir über Gott keine Gedanken zu machen. Ich organisiere also mein Leben ohne Gott.

Doch müsste mein Verstand erklären können, wie es möglich ist, dass ich existiere, dass die Welt existiert ebenso wie die ganze Schöpfung. Einige werden darauf mit der Evolutionstheorie zu antworten versuchen, wie jener, der zu mir sagte: «Für mich ist der Mensch eine Bakterie, die sich entwickelt hat.» Ich fragte ihn dann: *«Wer hat die Bakterie erschaffen und wer hat ihr den Befehl gegeben, sich zu einem schönen Menschen zu entwickeln?»* Seine Antwort war: *«Ich weiß es nicht.»*

Wenn ich antworte, dass Gott existiert, muss ich auch in dieser Wirklichkeit leben. Was geschieht in unserer so genannten hochentwickelten Gesellschaft? Viele sagen: «Ich glaube, dass Gott existiert», aber sie leben, als existierte er nicht. Mir scheint, wir müssen konsequent sein: entweder glauben wir daran oder wir glauben nicht daran. Wenn wir daran glauben, warum sollten wir uns dann nicht bemühen, Ihn zu erkennen, Seine Lehre zu entdecken? Wem hat Er Seine Lehre anvertraut? Wie kann ich Ihm näher kommen?…

Unsere Seele braucht Nahrung:

Viele sagen: «Ich habe zwar alles, was ich brauche, aber ich bin unglücklich; in mir gibt es eine Leere.»

Wie unserem Körper so muss auch unserer Seele Nahrung gegeben werden. Bekommt sie keine, wird sie so schwach, dass sie nichts mehr verlangen kann. Das erklärt vielleicht, warum viele Menschen leben als hätten sie keine Seele, obwohl sie glauben, eine zu haben.

Unsere Seele braucht Nahrung.

3. Kapitel

3. Kapitel

Wie können wir unserer Seele Nahrung geben?

• Durch Studieren des Wortes, das Gott vom Alten Bund an Seinem Volk gegeben hat.

• Durch Studieren der Lehren, die Jesus auf Erden der Menschheit gegeben hat; Er belehrte uns nicht nur, sondern hat Sein Leben für uns hingegeben, um uns von unseren Sünden zu erlösen.

• Außerdem hat Er uns sehr viele Schätze geschenkt, damit wir mit unserem Gott in enger Beziehung leben können. Diese Schätze wurden unserer Kirche anvertraut. Was man auch immer sagen mag und trotz der Fehler einiger Mitglieder, ich will sehr treu sein, ich liebe meine Kirche, ich liebe ihre Priester, ihre Bischöfe und den Papst. Ich bete für sie. Doch es steht mir nicht zu, über sie zu richten. Ihre Fehler werden sie vor dem Herrn verantworten müssen, nicht ich. Um meiner Seele Nahrung zu geben, muss ich mich der Schätze bedienen, die Jesus Seiner Kirche anvertraut hat. Diese sind:

   – **Sein Wort**

   – **Die doktrinale und pastorale Lehre meiner Kirche,** die mir hilft, nach Seinem Wort zu leben.

   – **Das Gebet**

   – Die Sakramente, die von den Priestern gespendet werden. Alle Sakramente sind wichtig; aber die beiden Sakramente, die eine Seele regelmäßig als Nahrung empfangen soll, sind:

      a. Das Sakrament der Versöhnung, das sie von ihren Sünden befreit und ihr ermöglicht, in den Genuss der wirkenden Gnaden zu kommen.

b. Die Eucharistie ist sicherlich das schönste und größte Sakrament. Jesus selbst schenkt sich uns, um uns zu verwandeln. Mit unserer Zustimmung macht Er uns zu Menschen der Liebe, damit wir eine neue Welt errichten. Wir können unsere Zeit auch in der Anbetung Seiner Heiligen Gegenwart verbringen, die verwandelt und heilt, selbst wenn wir schweigen. Die Eucharistie ist die größte Macht der Welt!

Ich bin sicher, dass es in der Welt keine größere Macht gibt als den eucharistischen Jesus! Für mich ist der eucharistische Jesus viel mächtiger als die großen Mächte der Welt. Warum? Weil Er allein die Macht hat, ein Herz zu verwandeln. Ein verwandeltes Herz ist ein neuer Mensch, der zu neuem Leben erwacht, eine neue Familie, eine neue Kirche; so setzt sich also die neue Zivilisation der Liebe in Gang. Sie wird die derzeitige Zivilisation ersetzen, jene Zivilisation, die ohne Gott errichtet wird und keine Zukunft hat.

Die Zivilisation der Liebe soll Jesu große Wiederkehr in Seiner Herrlichkeit vorbereiten, die sehr bald sein wird. Wann, wo und wie sich die Wiederkehr ereignen wird, ist nicht wichtig zu wissen. Nur eines ist wichtig: Sind wir bereit, Ihm zu begegnen? Jeder sollte sich folgende Frage stellen: Ist mein Herz bereit, Jesus aufzunehmen, wenn Er heute wiederkehrte? Sicher ist, dass wir keinen Fehler machen, wenn wir uns auf Seine Begegnung vorbereiten. Wenn Er hier auf Erden auf sich warten lässt, dann werden wir Ihm im Himmel begegnen und vielleicht früher als wir denken.

Täglich erhalte ich Zeugnisse von Menschen, die berichten, dass sie in ihrem Herzen, in ihrer Familie und in ihrer Umgebung große Verwandlungen erleben.

Unser Verstand im Dienst Gottes:
Unser Verstand kann uns also helfen, die Existenz Gottes durch die Mittel zu entdecken, die Er uns zur Verfügung gestellt hat, damit wir Ihn erkennen, Ihn lieben und Ihm dienen können. Wenn wir uns für

Ihn entscheiden, werden wir immer mehr Seine Wunder entdecken. Das lässt unser Leben größer werden und über diese großen Entdeckungen[3] staunen. Unsere wahre Vereinigung mit Gott geschieht auf der Ebene unseres Herzens, unseres Geistes und unserer Seele.

Seine Gegenwart können wir wirklich entdecken, wenn wir Zeit mit Gott allein verbringen. Zusätzlich zu unserer Entscheidung, in Übereinstimmung mit Seiner Lehre zu leben, ist es wichtig, Ihm Zeit zu widmen. Welch schöne Belohnung erwartet uns dann in der Ewigkeit! Ewige Glückseligkeit, deren Anfänge wir bereits schon hier unten genießen können. Ja, an der Lebensfreude können wir schon jetzt teilhaben.

<u>Unser Verstand im Dienst der anderen:</u>

Lieben und Geliebtwerden, Empfangen und Geben sind Grundbedürfnisse. Aber wir können nur geben, was wir haben. In dem Maße, wie wir uns mit unserem Gott vereinigen, empfangen wir Seinen Frieden, Seine Freude und Seine Liebe. Diese können wir den anderen schenken und bauen so mit an einer besseren Welt.

---

3. Siehe Anhang 5: Meine großen Entdeckungen

Bauen wir mit an einer besseren Welt!

4. Kapitel

4. Kapitel
Es ist Zeit – mehr denn je.

Glücklich jene, die von klein an Gott entdeckt und in Übereinstimmung mit Seinem Wort gelebt haben. Sie sind am Ende ihres Lebens viel besser vorbereitet auf das Leben, das sie in ihren alten Tagen und im ewigen Leben erwartet. Solange wir auf dieser Erde sind, ist es nie zu spät, uns für Gott zu entscheiden. Betrachten wir zusammen, was das bringen wird; das vergangene Leben spielt keine Rolle.

- **Die Barmherzigkeit Gottes annehmen:** Im Laufe unseres Lebens haben wir alle Fehler gemacht. Wir tragen die Last unserer Dummheiten und unserer Verfehlungen. Sie ist oft sehr schwer zu tragen. Es ist gut, einen Gott der Liebe, der Zärtlichkeit und der Barmherzigkeit zu entdecken, der jedem Menschen verzeihen möchte, der seine Sünde erkennt und sein Leben ändern will.

- **Seine Liebe annehmen:** Wir tun uns oft sehr schwer, uns anzunehmen wie wir sind. Es ist gut zu entdecken, dass unser Gott, der Allmächtige, uns liebt, wie wir sind, mit unseren Schwächen und Fehlern, unseren Stärken und Erfolgen. Wenn Er mich liebt, wie ich bin, warum sollte ich mich nicht annehmen, wie ich bin? Das hilft uns auch, die anderen anzunehmen wie sie sind, ohne sie verändern zu wollen.

- **Unsere Situation annehmen:** Wenn wir uns für Gott entscheiden und unser Leben in Seine Hände legen, gibt Er uns die Gnade der Hingabe und des Vertrauens. Diese Gnade erlaubt uns, den gegenwärtigen Augenblick gut zu leben, unabhängig von der Situation, in der wir uns befinden.

- **Einen neuen Blick annehmen:** Es ist gut zu lernen, alles mit den Augen des Glaubens zu betrachten. Denn wenn wir die Welt mit menschlichen Augen betrachten, können wir leicht entmutigt, empört, traurig und mürrisch werden.

Es ist Zeit – mehr denn je.

Lerne ich dagegen mit den Augen des Glaubens zu betrachten, bekommt das Leben eine neue Dimension, eine neue Hoffnung. Hier ein Blick des Glaubens, wenn unsere körperlichen Kräfte nachlassen:

> *«Wenn ihr seht, dass eure Kräfte nachlassen, habt ihr den Eindruck, dass eure Leistungsfähigkeit verlorengeht; das Gegenteil ist der Fall»*[4]:

«Mein ganz Kleiner, Ich möchte dich in Dienst nehmen, um zum Ehepaar D. zu sprechen und ihm Folgendes zu sagen:

Ihr steht in der wichtigsten und fruchtbarsten Periode eures Lebens. Wenn ihr seht, dass eure körperlichen Kräfte nachlassen, habt ihr den Eindruck, dass eure Leistungsfähigkeit verlorengeht. Aber das Gegenteil ist der Fall. Was ihr auf physischem Gebiet verliert, das erhaltet ihr zehnfach auf dem Gebiet eures Herzens und eures Geistes zurück.

Was ihr in sichtbarer Weise verliert, das erhaltet ihr in unsichtbarer Weise zehnfach zurück. Dasselbe gilt für alle, die ihr in eurem Herzen tragt: was ihr ihnen nicht mehr in sichtbarer Weise schenken könnt, empfangen sie unsichtbar auf zehnfache Weise.

Was diese Periode so fruchtbar macht, ist euer umfassendes „Ja" zum Willen des Vaters und eure Bereitschaft, in Liebe die Situation anzunehmen, in der ihr euch befindet, weil Er es in Seinem Liebesplan so will. Das macht euch zu Menschen der Liebe und es ermöglicht Seiner Liebe, frei auf der Erde zu strömen. Darüber hinaus ermöglicht es euch, dass ihr euch vorbereitet – oder vielmehr vorbereitet werdet –, um in der Ewigkeit mit Ihm glücklich zu sein.

---

4. 3. Band der 3 Bücher: *Meinen Auserwählten zur Freude – Jesus*, Botschaft Nr. 71.

Empfangt Unseren dreifaltigen Kuss; er bedeutet:
Die Liebe des Vaters
Die innige Vertrautheit mit dem Sohn
Den Beistand des Heiligen Geistes
mit Seinem Licht

Dieser trinitarische Kuss geht immer durch die Hände Meiner heiligen Mutter, damit euer Herz vorbereitet ist, Ihn zu empfangen und alle seine Wohltaten zu genießen. So wird euer Herz Liebe. Ich liebe euch göttlich.»

5. Kapitel

Samuel Véronneau

5. Kapitel
Sorge um die Kinder und Enkelkinder

Viele Eltern erleben, wenn sie ihre Nachkommenschaft mit menschlichen Augen betrachten, große Ängste. Im Glauben übergeben sie sie dem Herrn und beten für sie in der Gewissheit, dass Gott sich ihrer annimmt und dass Er sie führt. Der Glaube verändert den Blick. Der Glaube kann uns auch verwandeln, unser Alter spielt keine Rolle.

Wir können ihnen vor allem dadurch helfen, indem wir ihnen zeigen, was wir sind, als dadurch, was wir tun und sagen. Daher ist es wichtig, unsere freien Augenblicke zu nutzen, um durch den Empfang der Sakramente, durch die Anbetung und das Gebet mit unserem Gott in Beziehung zu treten. Das verwandelt uns und wird den Herzen unserer Nachkommenschaft zugute kommen.

Wenn die Menschen im Ruhestand die Bedeutung des Gebets entdeckten und ihm ihre freie Zeit widmeten, wäre die Erde in sehr kurzer Zeit, davon bin ich fest überzeugt, vollständig verwandelt. Unser Ruhestand ist also die wichtigste Zeit in unserem Leben. Wir können sehr nützlich sein. Ich würde sogar sagen, nützlicher denn je, nicht nur für unsere Nachkommenschaft, sondern für die ganze Menschheit.

6. Kapitel

6. Kapitel
Die drei «Ja»

Wir alle wissen, dass wir eines Tages sterben werden, aber wir wissen nicht wann. Je älter wir werden, umso weniger Zeit bleibt uns, bis wir an die Reihe kommen. Wir sollen uns ruhig, vertrauensvoll und fromm darauf vorbereiten. Einen Sterbenden begleiten ganz besondere Gnaden. Bei mehreren Gelegenheiten und auf verschiedenen Weisen war ich davon Zeuge. Am schönsten war es, wenn dem Herrn drei «Ja» gegeben werden.

- **Ja,** wenn du mich heilen willst.

- **Ja,** wenn du willst, dass ich lange krank bleibe.

- **Ja,** wenn du mich zu dir rufen willst und diese Krankheit das Ende meines Lebens bedeutet.

Nach diesen drei «Ja» darf man Gott seinen Wunsch äußern. Mehrmals habe ich bemerkt: Wer diese drei «Ja» aufrichtig gegeben hat, lebte in einem großen Frieden. Einige haben sogar erklärt, dass sie die Zeit der Vorbereitung auf das neue Leben im Jubel verbrachten.

Vor allem denke ich an meinen Freund Paul. Er war Anfang sechzig, als er erfuhr, dass er einen agressiven Krebs hat; es blieb ihm nur noch wenig Zeit zu leben. Auf seinem Heimweg ging er in die Kapelle der Dienerinnen vom Heiligsten Sakrament in Sherbrooke. Vor dem ausgesetzten Heiligsten Sakrament gab er seine drei «Ja». Während seiner ganzen Krankheit sagte er: *«Es gibt nur ein einziges Wort, um zu beschreiben, was ich erlebe: Jubel.»* Zudem sagte mir seine Ehefrau im Vertrauen: *«Ich habe ihn nie traurig oder verängstigt gesehen.»*

Ich persönlich sage regelmäßig zum Herrn:

- **Ja,** wenn du mich gesund erhalten willst.

- **Ja,** wenn du willst, dass ich krank werde, dass ich gelähmt bin wie meine Mutter und einer meiner Brüder oder dass ich Alzheimer habe wie derzeit eine meiner Schwestern.

- **Ja,** wenn du mich zu dir rufen willst, wann immer du willst.

Danach sage ich zu Ihm:

«Wenn ich dir meine Meinung sagen darf, so würde ich gern von der Lähmung und von Alzheimer verschont bleiben. Aber wenn du weißt, dass ich diesen Weg gehen muss, um mit dir in der Ewigkeit glücklicher zu sein, gebe ich dir wieder mein Ja: dein Wille geschehe und nicht meiner.»

7. Kapitel

7. Kapitel
Der große Kampf des Menschen gegen seinen Schöpfer

Diesen offenen Brief habe ich an die Zeitungen geschickt. Sie haben ihn nie veröffentlicht:

Dieser große Kampf, den wir seit den letzten fünfzig Jahren in Quebec führen, als ob wir die Herren wären, setzt sich mit den Gesetzesentwürfen über die Euthanasie noch heftiger fort. Es ist abzusehen, dass wir wieder einmal den Platz Gottes einnehmen wollen. Dabei vergessen wir eine große Wahrheit und Wirklichkeit. Wir alle sind von Ihm erschaffen worden, um zu Ihm zurückzukehren und mit Ihm während der Zeit, die wir auf dieser Erde verbringen, in Harmonie zu leben.

Je mehr wir uns unserem Gott entfremden durch ein Verhalten, das Seinem Willen entgegengesetzt ist, umso mehr bemächtigt sich unser der Hochmut und umso tiefer verirren wir uns, so dass wir das Leben kontrollieren wollen, das Gottes Eigentum ist.

Der heilige Pfarrer von Ars sagte:

> «Nicht alle Heiligen haben ihr Leben gut begonnen, aber alle haben es gut beendet.»

Daher ist es für jeden von uns wichtig, unser Leben gut zu beenden. Und ist nicht gerade die Bereitschaft, dann zu sterben wenn Gott es verfügt, das beste Mittel dazu? Den diese Entscheidung kommt uns nicht zu.

- **Ob wir gläubig sind oder nicht,**
- **ob wir den Glauben praktizieren oder nicht,**
- **ob wir einflussreich sind oder nicht,**
- **ob wir reich sind oder arm,**

eines ist sicher: Wir alle gehen dem Tod entgegen und nicht wir haben das so bestimmt. Das gehört zum Wesen des Menschen. Zyniker sagen: Von Geburt an sind wir schon zum Tod verurteilt. Wir als Gläubige wissen, dass wir zum Leben, ja sogar zum ewigen Leben verurteilt sind. Wenn wir diese Erde verlassen, werden wir alle entdecken, was uns erwartet.

Das Lebensende ist der wichtigste Zeitabschnitt, uns mit unserem Gott zu versöhnen, bevor wir vor Ihm erscheinen. Nachdem wir uns durch schlechtes Verhalten von Ihm entfernt haben, entdecken wir oft über das Leid, eine schwere Krankheit oder einen Unfall unsere Ohnmacht. Zugleich zu unseren Grenzen entdecken wir auch die Allmacht Gottes und das ermöglicht uns, uns mit Ihm zu versöhnen, bevor wir diese Welt verlassen.

Wahre Versöhnung mit unserem Gott erfolgt, wenn wir auf unseren eigenen Willen verzichten, um Seinen zu erfüllen. Das verschafft große Erleichterung, Frieden und Ruhe. Undenkbar, mit Ihm vereint zu sein, wenn wir das kostbarste Geschenk nicht achten: das Leben. Man sollte aber auch nicht in das andere Extrem fallen: die therapeutische Verbissenheit.

Warum sollten wir nicht alle Chancen nutzen? Nicht wir haben über unser Kommen auf diese Erde entschieden. Warum wollen wir uns an die Stelle des Herrn des Lebens setzen und über den Augenblick unseres Heimgangs entscheiden?

Im Laufe unseres Lebens haben wir alle bei unseren Entscheidungen mehrere Fehler gemacht. Warum sollten wir das Risiko eingehen, den größten Fehler zu machen und eine letzte Entscheidung zu treffen, die nicht zu unserem Zuständigkeitsbereich gehört und unserem ewigen Glück schaden kann?

*Wer schlecht vorbereitet ist, trifft nicht rechtzeitig
zur großen Abreise ein.*

8. Kapitel

8. Kapitel
Mein Letzter Wille

Diesen Text habe ich für meinen Letzten Willen vorbereitet, wenn ich in Todesgefahr schwebe: Das Leben gehört Gott. Er hat es mir gegeben und ich möchte, dass Er es zurücknimmt, wann es Ihm gut erscheint. Also keine Euthanasie und keine therapeutische Verbissenheit.

Wenn möglich, möchte ich die letzten Sakramente empfangen und der Priester soll Folgendes hinzufügen:

«Léandre Lachance, wir glauben an die Gemeinschaft der Heiligen. Kraft der Vollmacht, die mir gegeben ist, mir als Priester des Herrn, gewähre ich Ihnen die göttliche Gnade des vollkommenen Ablasses zur Vergebung aller Ihrer Sünden. Amen. Danke, mein Herr und mein Gott.»

Wenn kein Priester da ist, sollte ein Laie folgendes Gebet sprechen:

«Herr, dreimal Heiliger Gott, bitte gewähre Léandre Lachance die Gnade des vollkommenen Ablasses zur Vergebung aller seiner Sünden. Amen. Danke, mein Herr und mein Gott.»

Zum letzten Abschied:

Wir stellen fest, dass wir in den Aussegnungshallen immer weniger beten. Doch der Verstorbene braucht unsere Gebete. Sehr oft würden die Angehörigen den Verstorbenen gern mit ihren Gebeten begleiten; aber aus Angst, bezichtigt zu werden, ihren Glauben aufzudrängen, wagen sie es nicht. Ich denke, man kann dies ändern, wenn der Verstorbene darum gebeten hat. Wir sind für ihn da; es ist wichtig, seinen Willen zu respektieren. Ich füge meinen an, vielleicht kann euch das inspirieren.

Mein Letzter Wille:

- Ich will in einer öffentlich zugänglichen Aussegnungshalle aufgebahrt werden, damit ich, von Gebeten begleitet, in mein neues Leben eintreten kann.

- Ich will begraben werden.

- Im Leben wollte ich immer, dass mein Besucher auf seelischer und geistiger Ebene gestärkt und bereichert von mir geht. Für jene, die mich ein letztes Mal auf dieser Erde besuchen kommen, soll es genauso sein.

- Die Erfahrung lehrte mich, dass die Zeiten der inneren Sammlung, des Gebetes, des Schweigens und der Beschauung die wichtigsten und wohltuendsten Augenblicke meines irdischen Lebens waren. Mögen sie es in meinem neuen Leben im Jenseits noch mehr sein.

- Ich hätte gern, dass es ebenfalls eine Zeit der inneren Sammlung und des Gebetes gibt, die mich in diesem neuen Leben begleiten und mir wegen meiner zahlreichen Fehler helfen, in den Genuss der großen Barmherzigkeit Gottes zu kommen.

Ich hätte gern, dass ihr über Folgendes[5] nachdenkt:

Jesus sagt uns: Wenn es euch möglich wäre, auch nur ein ganz klein wenig von dem zu sehen, was geschieht, wenn ein Mensch in das Paradies eintritt, wäret ihr voller Staunen und wie geblendet!

«Für euch, die ihr auf der Erde lebt, ist es schwer, die Wohltat des Todes zu erfassen und zu verstehen.

---

5. 3. Band der 3 Bücher: «Meinen Auserwählten zur Freude – Jesus», Botschaft Nr. 65.

Ihr erlebt den Heimgang eines geliebten Menschen, aber ihr seid nicht dabei, wenn dieser Mensch in den Himmel eintritt. Ihr wisst auch nicht, welcher Platz ihm bereitet ist. Wenn es euch möglich wäre, auch nur ein ganz klein wenig von dem zu sehen, was geschieht, wenn ein Mensch in das Paradies eintritt, wäret ihr voller Staunen und wie geblendet. Von jenem Augenblick an hättet ihr nur noch einen einzigen Wunsch: eines Tages ins Paradies aufgenommen zu werden… und ihr würdet euer Leben nur noch auf diesen Tag ausrichten. Eure Gedanken, eure Worte, eure Taten wären auf diesen Tag ausgerichtet, damit ihr in dieses Paradies eingelassen werdet und euch einer immer größer werdenden Glückseligkeit erfreuen könnt.

Um in diese „ewige Glückseligkeit" einzutreten, muss man diese Erde verlassen. Für einen Christen, der sich heiligmäßig auf das ihn erwartende neue Leben vorbereitet, ist dieser Heimgang also etwas sehr Schönes. Beim Heimgang eines Menschen sollt ihr an seine Aufnahme ins Paradies denken und ihn daher als Freude erleben.

Selig seid ihr, denn ihr habt diese Hoffnung, die euch zur Fülle der Liebe führt. Ihr seid göttlich geliebt.»

Um mir beim Eintreten in dieses neue Leben zu helfen und mich dabei zu begleiten, bitte ich euch, folgende Gebete aus tiefstem Herzen zu sprechen:

- Ein «Vaterunser»

- Drei «Gegrüßet seist du Maria»

- Ein «Ehre sei dem Vater»

- Das Gebet: «Mögen die Seelen der verstorbenen Gläubigen durch die Barmherzigkeit Gottes in Frieden ruhen.»

- Und dieses Gebet: «Léandre, weil die Liebe dich liebt, wirst du Liebe.»[6]

- Betet nicht zu mir, sondern für mich. Wenn ich etwas für euch tun kann, werde ich es tun. Eines ist sicher: Ich werde viel mehr Gebete und Messen brauchen als Blumen und Lob.

Wenn euch mein Leben an etwas erinnert, was Gott lobpreisen kann, könnt ihr davon Zeugnis geben.

---

6. Das bedeutet: «Léandre, weil Gott dich liebt und du dich lieben lässt, wirst du zu einem Menschen der Liebe.»

Fazit

Fazit

Wenn du unter dem starken Einfluss des Zeitgeistes deiner Seele seit langem keine Nahrung gegeben hast, meinst du vielleicht, das sei zu hoch für dich. In Wirklichkeit aber ist es nicht so, wegen des Bundes, den Gott mit jedem von uns geschlossen hat. Der heilige Paulus bestätigt das:

> «*Jetzt ist sie da, die Zeit der Gnade: Lasst euch mit Gott versöhnen!*[7] *Welch schöne Aufforderung! Uns versöhnen lassen heißt, uns von der barmherzigen Liebe Gottes formen zu lassen.*»

Dieser Satz des heiligen Paulus gibt gut die Spiritualität der drei Bände wieder: «Meinen Auserwählten zur Freude – Jesus». Diese Bücher können ausgezeichnete Wegbegleiter zu einem neuen Glück sein. Für Tausende Menschen in der Welt sind sie es bereits.

Die Glückseligkeit im Alter lässt sich von dem entdecken, der dem Unsterblichen Priorität gibt:seiner Seele.

Weil die Liebe dich liebt, wirst du Liebe![8]

---

7. (vgl. 2 Kor 5,20; 6,2)

8. Bedeutungsvolle Abkürzung: «Weil Gott dich liebt und du dich von Ihm lieben lässt, wirst du zu einem Menschen der Liebe.»

1. Anhang

1. Anhang
Der Affe Gottes (Satan)

Immer mehr Menschen lassen sich vom Affen Gottes faszinieren. Er ist zu Vielem fähig, selbst zu sehr Gutem, in das er einen Tropfen Gift gibt. Wer nicht durch Gebet und den Empfang der Sakramente mit dem wahren Gott in enger Beziehung steht, kann nur schwer das Wahre vom Falschen unterscheiden, so subtil ist der Unterschied. Viele Menschen ließen sich faszinieren und glaubten auf dem Weg des persönlichen Wachsens, der ganzheitlichen Entfaltung zu sein, sowohl körperlich, seelisch als auch geistig. Aber sie befanden sich auf einem Weg sehr großer Leiden. Sie hatten viele Schwierigkeiten, sich von diesen verhängnisvollen Erfahrungen zu befreien.

Menschen im Einflussbereich dieser Kräfte werden derart indoktriniert, auf bestimmte Verhaltensweisen festgelegt und verblendet, dass sie sich weigern, auf Warnungen zu hören und die auf sie lauernden Gefahren zu sehen.

Um herauszufinden, ob man vom Affen Gottes getäuscht wird, kann man sich folgende Fragen stellen:

1. Verschaffen mir diese Erfahrungen einen großen Frieden?

2. Werde ich auf Grund dieser Erfahrungen demütiger?

3. Handelt es sich um eine wenig aufwendige Tagung?

4. Laden mich diese Erfahrungen zum Gebet ein?

5. Stimmen diese Unterweisungen mit dem Wort Gottes und der Lehre der Kirche überein?

6. Nimmt Jesus Christus einen wichtigen Platz im Programm ein?

7. Stimmt die Lehre über die Engel mit dem Wort Gottes und der Lehre der Kirche überein?

Wenn ihr auf eine dieser Fragen mit «Nein» antwortet, müsste das für euch eine Warnung sein. Wenn ihr auf mehrere dieser Fragen mit «Nein» antwortet, droht euch Gefahr.

Der Affe Gottes

2. Anhang

2. Anhang
Sind alle Religionen gut?

Immer öfter hören wir Leute sagen: «Alle Religionen sind gut» oder «wir können Gott in allen Religionen begegnen». Wer dies glaubt, sollte sich folgende Fragen stellen:

«Gibt es eine andere Religion, die von einem Gott gegründet wurde,

- der Mensch geworden ist?

- der vom Heiligen Geist empfangen wurde?

- der viele Wunder vollbrachte, wie die Auferweckung von den Toten; selbst des Lazarus, dessen Körper sich bereits in Verwesung befand?

- der sein Leben für unsere Erlösung hingab?

- der drei Tage nach seinem Tod auferstanden ist?

- der lebt, wie Hunderte von Millionen Menschen dies seit 2000 Jahren bezeugen?»

3. Anhang

3. Anhang

Gott wird mit Seiner Schöpfung verwechselt.

Oft habe ich Leute sagen hören, die Natur, die Schöpfung sei Gott. Sie sollten sich folgende Fragen stellen:

- Ist ein Kunstwerk zugleich Gegenstand und Künstler?

- Wenn ich ein Gemälde bewundere, stehe ich dann vor dem Maler?

- Ist ein Haus dasselbe wie ein Zimmermann?

Es gibt einen großen Unterschied zwischen dem Schöpfer und Seiner Schöpfung. Ich bin immer überrascht über jene die zwar über die Schönheit der Schöpfung staunen, den Schöpfer, der Gott ist, aber nicht erkennen noch nennen wollen.

4. Anhang

4. Anhang
Das Verhalten meines Volkes – ein großes Geheimnis!

Ich verstehe nicht, wie ein intelligentes Volk, das auf allen Ebenen begünstigt war und verantwortlich sein will für die mittel- und langfristigen Folgen in puncto Umwelt, Bildung, Medizin, Wirtschaft usw., der Zukunft seiner Seele gegenüber so inkonsequent sein kann.

Es sei denn, es glaubt, dass es keine Seele hat und Gott nicht existiert. Jene, die sich Atheisten nennen, scheinen mir nicht viele zu sein. Denn das hält folgender Analyse nicht stand: Die Betrachtung aller Existenz. Wenn es eine Schöpfung gibt, dann gibt es auch einen Schöpfer. Das verwendete Mittel, sei es durch Evolution oder durch den Hauch des Geistes, ist belanglos.

In der Regel begegnen uns Leute, die sagen:

**«Ich bin gläubig. Ich glaube, dass Gott existiert,
aber ich praktiziere den Glauben nicht. Mit anderen Worten:
ich lebe, als existierte Er nicht.»**

Wie kann ein intelligenter und verantwortungsbewusster Mensch sagen: «Ich glaube, dass Gott existiert. Ich glaube, dass ich eine Seele habe, aber ich kümmere mich nicht darum. Ich weiß, sie wird mich überleben, aber das ist mir egal.» Ich versuche, das Unerklärliche zu erklären:

1. Die Person stellt sich nicht die richtigen Fragen.

2. Alle tun das, mach es also auch.

3. Angst, sein Verhalten ändern zu müssen.

4. Angst vor den Reaktionen der Umgebung.

5. Eine Welt, die sich ohne Gott errichten will, hat einen verunreinigten Geist zur Folge, der den Verstand verdunkelt.

6. Der in Sünde lebende Mensch befindet sich in einem Nebel, der ihn daran hindert, die Wirklichkeiten des Lebens zu sehen.

7. Gott ist so sehr Liebe, dass Er mich wohl aufnehmen wird, auch wenn ich mir keine Gedanken über Seine Lehren mache.

8. Die praktizierenden Gläubigen, denen ich begegnet bin, waren falsche Zeugen. Sie lebten nicht nach der Lehre Christi.

9. Ich habe beschlossen, die christliche Erziehung, die ich als junger Mensch erhalten habe, abzulehnen, und von Religion will ich nichts mehr wissen.

10. Ich wurde von einem Priester verletzt und habe alles verworfen, einschließlich Gott, auf die Gefahr hin, meine Seele zu verlieren.

Oft sagten mir Leute:

«Ich würde in die Kirche gehen. Aber was ich von einem Priester und seinem Verhalten gehört habe, bewog mich, mich von der Kirche loszusagen und dadurch auch von Gott.»

Habt ihr bemerkt, dass man nicht in gleicher Weise auf menschliche und geistliche Situationen reagiert? Nehmen wir dieses Beispiel:

Eines Tages kam ein Vertreter der Hydro[9] zu mir und stellte sich rüpelhaft vor. Er war unhöflich und betrat mit seinen großen Stiefeln sogar mein Wohnzimmer. Kurzum, dieser Service war erbärmlich. Hättet ihr in einer ähnlichen Situation sofort gesagt: «Von der Hydro will ich nichts mehr wissen, stellen Sie den Strom ab»?

---

9. Ein Stromversorgungsunternehmen

Anhand dieses Beispiels stellen wir fest, dass wir zwischen dem Nutzen des elektrischen Stroms, der Organisation der Hydro und dem Verhalten ihres Vertreters zu unterscheiden verstehen. Warum unterscheiden wir nicht auch zwischen dem Bedürfnis nach einer engen Beziehung zu Gott, der Kirche und ihrem Vertreter?

Warum sollten wir unsere Seele bestrafen, sie am Wachsen hindern, das uns Gott näher bringen könnte, uns selbst bestrafen, indem wir uns von Gott, unserem Schöpfer, lossagen. Wir bringen uns um Seine barmherzige Liebe, die uns ermöglicht, heute und in Ewigkeit das wahre Glück zu genießen.

Ja, Gott ist ganz und gar Barmherzigkeit. Aber der Mensch muss sich als Sünder erkennen und in Übereinstimmung mit dem Wort Gottes und der Lehre der Kirche leben wollen. Ja, «Gott ist die Liebe» (1 Joh 4,16 b). Doch zur Ehebrecherin sagte er nicht: «Sündige weiter», vielmehr sagte er: «Geh und sündige nicht mehr» (Joh 8,11).

Wenn mir jemand die Inkonsequenz unseres Volkes beim Heil seiner Seele logisch erklären kann und diese Erklärung einer Analyse standhält, würde ich sie gern kennen.

5. Anhang

5. Anhang
Meine großen Entdeckungen

**Drei Aussagen, die auf den Entdeckungen
von A bis Z *basieren*.**

**1. WIR STEHEN IM MORGENROT DER SCHÖNSTEN
WELTGESCHICHTE.**

2. EINE WELTWEITE NEUE ZIVILISATION WIRD NUN ERRICHTET.

Eine Zivilisation der Liebe, wie Johannes Paul II. sie lehrte. Sie ist tatsächlich im Gange. Täglich erreichen mich zahlreiche Zeugnisse, die fast aus der ganzen Welt kommen.

**3. EIN VOLLSTÄNDIGES JA ZU GOTT VERÄNDERT MEIN LEBEN
UND FOLGLICH DIE WELT.**

Alle Geheimnisse sind in den Werken enthalten, die von der «Fondation des Choisis de Jésus» herausgegeben bzw. produziert wurden. Sie sind denen zugänglich, die diese Werke lesen bzw. hören, vor allem aber jenen, die darüber nachdenken, sie zum Gebet machen und sie leben.

A. Nach der Lehre Christi leben ist der Schlüssel zum Glück.

B. Die anderen kann ich nicht ändern; durch die Ausstrahlung der in mir wohnenden Liebe kann ich für sie eine Quelle der Inspiration sein.

C. Nur Gott kann mich nach Seinem Liebesplan verwandeln… bis ich Liebe geworden bin.

D. Die Macht des Gebetes.

E. Die Notwendigkeit, regelmäßig über Sein Wort nachzudenken.

F. Die größte Macht der Welt ist der eucharistische Jesus.

G. Die wirksame Macht des eucharistischen Jesus in mir und durch mich.

H. Die Wichtigkeit, Ihm in mir den ganzen Raum zu geben.

I. Die Gnade der Kleinheit, die Mama Maria gibt.

J. Die Möglichkeit, mich mit den Heiligen im Himmel und auf Erden eins zu fühlen.

K. Das wirkungsvolle Amt der heiligen Engel.

L. Die Befreiung durch das Sakrament der Versöhnung.

M. Die großen Wohltaten der Barmherzigkeit und der Liebe Gottes angenommenen... ohne sie verdient zu haben.

N. Die Wohltaten des angenommenen Leidens, auch wenn ich es nicht verstehe.

O. Das Wesentliche geschieht im Unsichtbaren.

P. Der große innere Friede, den die Gnade der Kleinheit, der Hingabe und des Vertrauens verschafft.

Q. Die Wichtigkeit, sich in Frage zu stellen und sich von Gott verwandeln zu lassen.

R. Akzeptieren, Kanal (bzw. Werkzeug) zu sein, damit Seine Liebe durch mich zu den anderen strömt... im Wissen, dass ich selbst ohnmächtig bin.

S. Gott will mich mit sich vereinigen, um die Erde mit Seiner Liebe zu befruchten.

T. Ich bin zur Fruchtbarkeit berufen gemäß den Charismen, die Gott mir gegeben hat.

U. Die Macht des Lobpreises.

V. Die Freude, in der Danksagung zu leben.

W. Das Glück, in allem Gott zu danken.

X. Ich sehe diese neue Welt gerade erst entstehen.

Y. Das Schönste ist im Kommen.

Z. Die Ewigkeit wird nicht reichen, um der Heiligsten Dreifaltigkeit zu danken.

6. Anhang

6. Anhang
Gebete, um unserem Alltag gute Nahrung zu geben

Gebet zum Heiligen Geist

O Heiliger Geist,
Geist meiner Seele, ich bete Dich an,
erleuchte mich, leite mich,
stärke mich, tröste mich;
sag mir, was ich tun soll,
gib mir deine Anweisungen.
Ich verspreche Dir, mich allem zu fügen,
was Du von mir wünscht,
und alles anzunehmen,
was Du mir widerfahren lässt;
lass mich nur Deinen Willen erkennen.
Amen.

Kardinal Mercier

Morgengebet

Herr, in der Stille dieses erwachenden Tages
bitte ich Dich um Frieden, Weisheit und Stärke.
Ich möchte heute die Welt
mit Augen voller Liebe betrachten,
geduldig, verständnisvoll, sanft und besonnen sein,
Deine Kinder über den Schein hinaus sehen,
wie Du selbst sie siehst,
und so nur das Gute in jedem sehen.
Schließe meine Ohren vor jeder Verleumdung,
bewahre meine Zunge vor jeder Gehässigkeit,
damit nur segnende Gedanken
in meinem Geist bleiben,
damit ich so wohlwollend und fröhlich bin,
dass alle, die mir begegnen, Deine Gegenwart spüren.
Herr, bekleide mich mit Deiner Schönheit,
damit ich Dich den ganzen Tag über offenbare.
Amen.

Franz von Assisi

Das Gebet vom «Ja»
Meine «Ja» für heute

«Euer Ja soll ein Ja sein und euer Nein ein Nein» (Jak 5,12)

Durch das Ja Mariens begebe ich mich in mein Ja zu Gott.
Ja Herr, ich nehme Deine Liebe an und lasse mich lieben.
Heiligste Dreifaltigkeit: Vater, Sohn und Heiliger Geist,
ich bete Dich mit meinem ganzen Sein an!
Ja Jesus, ich vertraue auf Dich!
Ja Vater, ich nehme mich an, wie ich bin,
ich nehme meine Kleinheit an
und lasse mich von Dir verwandeln.
Ich gebe Dir meine Schwächen und meine Grenzen.
O Christus, komm und lebe in mir!
Jesus, lass Dein kostbares Blut
in alle meine Wunden fließen.
Vater, ich nehme Deine Barmherzigkeit an,
die meine Not heilen wird.
Ja Vater, ich nehme die anderen an, wie sie sind,
ohne sie ändern zu wollen.
Ich vertraue Dir jeden vollständig an,
damit Du dich um ihn kümmerst.
Ja Vater, ich nehme die Ereignisse an, wie sie sind,
gut oder schlecht.
Ich gebe Dir alle Schlüssel meines Lebens,

damit Du es lenkst.

Ja, ich glaube, dass Du auf mein ganzes Leben achtest,

bis auf das kleinste Detail.

Ja Jesus, ich möchte Dich an die erste Stelle setzen

und auf Dich ausgerichtet sein.

Ja Heiliger Geist, ich öffne Dir mein Herz ganz weit,

erfülle mich mit Dir!

Ja mein Vater, ich überlasse mich Dir,

Dein Wille geschehe und nicht der meine!

Sei Du der Herr meines Lebens.

Vater, in Deine Hände lege ich meinen Geist!

Amen.[10]

---

10. Dieses Gebet, inspiriert von der Bibel und den Büchern «Meinen Auserwählten zur Freude – Jesus», wurde von Thierry Fourchaud verfasst.
Veröffentlichung und Verbreitung mit der Genehmigung S. Exz. Thierry Sherrer, des Bischofs der Diözese Laval (Frankreich).

Gebet zu Maria

Heilige Maria, Mutter Gottes,
du hast der Welt das wahre Licht geschenkt,
Jesus, deinen Sohn – Gottes Sohn.
Du hast dich dem Ruf Gottes
vollständig hingegeben
und bist so zur Quelle der Güte geworden,
die Ihm entspringt.
Lehre uns, Ihn zu erkennen und zu lieben,
damit auch wir zu echter Liebe fähig werden
und Quelle lebendigen Wassers sind inmitten
einer verdurstenden Welt. Amen.

Benedikt XVI.

Gebet um innere Heiterkeit
(Beitrag zur Glückseligkeit im Alter)

Wenn mein Blick sich trübt,
lass mich, Herr, dich noch besser sehen.

Wenn mein Gehör nachlässt,
lass mich, Herr, mehr auf deine Stimme achten,
die mich ruft.

Wenn meine Schritte langsamer werden,
lass mich, Herr,
mit deiner Hilfe den Weg weitergehen.

Wenn mein Herz stärker schlägt,
lass mich, Herr, erkennen,
dass es mit deinem schlägt.
Amen.

Abendgebet[11]

Herr, dieser Tag geht zu Ende
und ich komme zu dir, um dir meinen Tag zu schenken
mit allem Gutem und weniger Gutem.
Für alles Gute, das ich heute getan habe,
danke ich dir, denn dank deiner Hilfe
konnte ich anderen nützlich sein.
In deiner Barmherzigkeit verzeihe mir
meine heutigen Nachlässigkeiten und Fehler.
Entschuldige meine Mittelmäßigkeit und meine Unterlassungen.
Beachte nicht meine Rücksichtslosigkeiten und Achtlosigkeiten,
deren ich mich heute schuldig gemacht habe.
Vertrauensvoll gebe ich mich in deine Hände.
Ich vertraue dir meinen Schlaf, meine Gedanken,
meine Freuden und meine Sorgen an
und weiß, dass du bereit bist,
mir meine Schwächen zu verzeihen und mir beizustehen,
damit ich morgen dir und all jenen, die mir lieb sind,
wieder dienen kann. Amen.

Kardinal L. J. Suenens

---

11. Auf der Website catholique.org gefunden.

Gebet zum Schutzengel

Engel Gottes,
du bist mein Beschützer,
dir hat mich die göttliche Güte anvertaut,
wache über mich, erleuchte,
schütze und lenke mich heute,
alle Tage meines Lebens,
besonders aber in der Stunde meines Todes.
Amen.

Gebet Jesu zu Seinem und unserem Vater

«**Vater**, ich preise Dich für den Gnadenstrom,
den Du in diesem Augenblick über Deine Auserwählten ausgießt.
Vater, ich preise Dich,
dass Du die Schöpfung bei Deinen Auserwählten vollendest.
Vater, ich preise Dich, weil Du aus ihnen Wesen der Liebe machst,
die mit Meinem Herzen und dem Meiner Mutter vereint sind.
Vater, ich preise Dich für die vielen Herzen,
die Du durch sie erreichen wirst.
Vater, ich preise Dich für diese neue Kirche,
die Du in diesem Augenblick wieder aufbaust.
Vater, ich preise Dich für diese neue Gesellschaft,
die durch Deine Auserwählten wieder aufgebaut wird.
Vater, ich preise Dich, weil Du Deine Barmherzigkeit,
Deine Liebe und Deine Allmacht in ihnen,
um sie herum und durch sie erstrahlen lässt.
Danke, Vater, für so viel Liebe, für jenes Feuer der Liebe,
das in diesem Augenblick in den Herzen Deiner Auserwählten brennt.
Ich bitte Dich, dass sich dieses Feuer der Liebe
auf alle Herzen ausdehnt.
Danke, Vater, dass Du mein Gebet immer erhörst.
Erfülle Deine Auserwählten noch mehr mit Deiner Liebe.
Erfülle in ganz besonderes Weise jene,
die der Beter dieses Gebetes in seinem Herzen trägt.
Er und die Seinen sollen mit Unserer Trinitarischen Liebe überreich
erfüllt werden. Amen.»[12]

Jesus

---

12. Band 1: *Meinen Auserwählten zur Freude – Jesus*, Botschaft Nr. 71.

Inhaltsverzeichnis

Inhaltsverzeichnis

Léandre Lachance ist Kanadier, verheiratet, Vater von fünf Kindern und Großvater von 14 Enkeln. Er hat Gott sein Herz geöffnet und Gott hat ihn mit kostbarsten Gnaden überhäuft.

Gedanken für meine Auserwählten

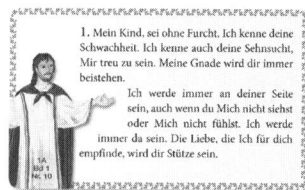

120 kurze Gedanken (Kärtchen) entnommen aus dem Band 1 «Meinen Auserwählten zur Freude», Botschaften Jesu an Léandre Lachance.

120 Kärtchen 5x9 cm,
aufgeteilt in 3 Plastikhüllen
€ 10.– CHF 14.–

Andere Bücher von Léandre Lachance

Meinen Auserwählten zur Freude Bände 1 bis 3

Im **1. Band** entdecken wir die Zärtlichkeit des himmlischen Vaters. Dieser Band ist für uns eine Einführung in eine persönliche Bildung, damit wir auf den Willen des Vaters durch ein umfassendes «Ja» treu antworten.

Der **2. Band** zeigt uns die erfreulichen Konsequenzen dieses «Ja»: es bewirkt eine Verwandlung und beständige Fortschritte in den Herzen.

Ein weiteres Geschenk des Himmels: der **3. Band**. Sein Thema: die Erfüllung der Verheißungen. Mit dem dritten Band setzt sich eine neue Kirche und eine neue Gesellschaft in Bewegung. Gott hat verheißen, dass alles geläutert wird… und das hat nun begonnen.

Format 14,5x22 cm

Band 1: 352 Seiten	€ 15.–	CHF 20.–
Band 2: 184 Seiten	€ 15.–	CHF 20.–
Band 3: 208 Seiten	€ 15.–	CHF 20.–
Die drei Bände zusammen	€ 40.–	CHF 54.–

Der Weg zum Glück in Ehe und Familie

Die Schwierigkeiten im Eheleben sind Gelegenheiten außerordentlichen Wachstums. Nach einem Konflikt meinen wir, unsere Beziehung werde nicht mehr dieselbe sein. Das ist zwar richtig, aber sie kann viel besser werden. Zu oft glauben wir, es kommt zum Bruch, während es sich um eine Wachstumskrise und eine Stärkung unserer Liebe handelt.

«Wir stehen im Morgenrot der schönsten Weltgeschichte. Eine neue Zivilisation bricht an und vollzieht sich dank der Umgestaltung der Herzen. Sie ist die von Johannes Paul II. und Benedikt XVI. gelehrte «Zivilisation der Liebe». Die Zeit ihrer Errichtung, besonders durch die Ehepaare, ist gekommen.»

Léandre Lachance, 60 Seiten, 14,5x22 cm   € 5.− CHF 7.−

Der Weg zum Glück für junge Menschen

Viele junge Leute wünschen sich ein erfolgreiches Leben: einen schönen Beruf, Reichtum, eine glückliche Familie, ein Leben im Wohlstand. Der Autor dieser Zeilen will sie über ein erfolgreiches Leben hinausführen: zu einem geglückten Leben. Dazu muss der richtige Weg eingeschlagen werden, um das rechte Ziel zu erreichen und so an einer besseren Welt mitzubauen.

Léandre möchte seine reiche Erfahrung und die Frucht seiner Überlegungen teilen. In der Jugend legen wir den Grund, auf den wir unser Leben bauen. Seine Ansichten will Léandre nicht aufzwingen. Er schlägt sie vor. Ich lade also die jungen Leute sowie ihre Eltern ein, dieses Heft zu lesen. Sie werden darin einen Weg entdecken, der zum Glück und zur Lebensfreude führt.   *Guy Giroux, Priester*

Léandre Lachance, 112 Seiten, 14,5x22 cm   € 10.– CHF 13.–

Zeit für Gott
Führer für das innere Gebet

Während Yoga, Entspannungsübungen und andere orientalische Meditationsformen zu Rezepten im Abendland werden, mit großen Anstrengungen zur geistigen Konzentration verschiedenster und kostspieligster Art, bleibt das innere Gebet reine, kostenlose Gabe Gottes. Es fährt fort, Heilige anzuregen und lebendig zu erhalten, diese wahren Freunde Gottes. Wir alle sind dabei, sie zu werden.

Demut, Liebe, Treue sind die einzigen «Qualitäten», die erforderlich sind, um zu dieser unversiegbaren Quelle zu gelangen, die das Herz Gottes ist.

Aber für wen ist das innere Gebet? Und wo, wann und wie kann man es praktizieren? Eben diese Fragen finden ihre Antwort in diesem vortrefflichen kleinen Buch, reich an Beispielen und konkretem Rat, geschrieben vom gleichen Verfasser des Buches «Suche den Frieden und jage ihm nach».

Pater Jacques Philippe, 15 Tsd., 128 Seiten, 13x20 cm   € 8.– CHF 11.–

Berufen zum Leben

Unser Vater im Himmel lädt uns ständig ein, auf eine unaufdringliche, geheimnisvolle und doch reelle Art und Weise. Er ermutigt uns: «Kommt heraus aus Eurer Verschlossenheit! Entscheidet Euch für das Leben! Entfaltet all Eure Fähigkeiten zu glauben, zu hoffen und zu lieben!» Dieses Buch will uns eine Hilfe dabei sein, diese vielfältigen Anrufe zu hören und in uns aufzunehmen.

Pater Jacques Philippe, 152 Seiten
13x20 cm € 14.– CHF 19.–

Die innere Freiheit

Der Mensch erwirbt seine innere Freiheit im gleichen Maß, wie Glaube, Hoffnung und Liebe in ihm erstarken. Dieses kostbare Werk, in einer einfachen Ausdrucksweise geschrieben, wird «all denen eine Hilfe sein, die danach verlangen, offen zu werden für diese wundervollen inneren Neuschöpfungen, die der Heilige Geist in ihren Herzen zu verwirklichen sucht, um auf diese Weise zur herrlichen Freiheit der Kinder Gottes zu gelangen».

Pater Jacques Philippe, 182 Seiten
13x20 cm € 14.– CHF 19.–

TAGEBUCH
der Schwester Faustyna Kowalska

Schwester Faustyna (1905-1938) ist vom Heiland zur besonderen Botschafterin seiner Barmherzigkeit berufen worden. Sein Tagebuch enthüllt uns ausdrucksvoll und überzeugend die Unendlichkeit der Barmherzigkeit Gottes. Ein sehr wichtiges Werk, als Geschenk sehr geeignet!

Vorwort von Bischof J. Stimpfle, 598 Seiten,
14,5x21 cm   € 30.– CHF 40.–

Heilige Faustyna

«Wie ist es gekommen, dass aus der kleinen Helene dieheilige Schwester Faustyna geworden ist? Wie hat sie gelernt, Gott so innig zu lieben? Wie kommt es, dass junge und alte Leute antworten, wenn Gott sie ruft, dass sie Jesus und die Menschen lieben lernen, dass sie wie Helene anfangen, mehr für die anderen als für sich selbst zu leben? Wie kommt das alles? Das will Euch dieses kleine Buch erzählen.

Es tut allen gut, dieses Buch zu lesen! Und wer nicht lesen kann, der wird schon einen Erwachsenen, einen älteren Bruder oder eine ältere Schwester finden, die es ihm vorlesen.»

Auszug aus der Einleitung von Kardinal Franciszek Macharski, Erzbischof von Krakau,
Text von K. J. Kopcinski, 36 Seiten,18x18 cm   € 10.– CHF 13.–

Folgt mit Maria
der Göttlichen Barmherzigkeit

Ein Meditationsbuch, das aus Auszügen des Tagebuchs besteht, in dem die Heilige ihre Unterhaltungen mit Christus und der Jungfrau Maria niedergelegt hat.

H. Dumont, 160 Seiten, 11,5x17 cm   € 10.– CHF 14.–

Hört auf den
Barmherzigen Christus

Hélène Dumont nimmt die großen Themen des Tagebuchs wieder auf. So führt sie uns durch neuntäglge geistliche Exerzitien zu einer Begegnung mit dem barmherzigen Christus.

H. Dumont, 144 Seiten, 11,5x17 cm   € 10.– CHF 14.–

Jesus, ich vertraue auf Dich

Viele ausgewählte Gebete der heiligen Schwester Faustyna.

Mit kirchlicher Druckerlaubnis.
96 Seiten: € 2.50   CHF 3.50
Für 10 Stück: € 20.–   CHF 28.–

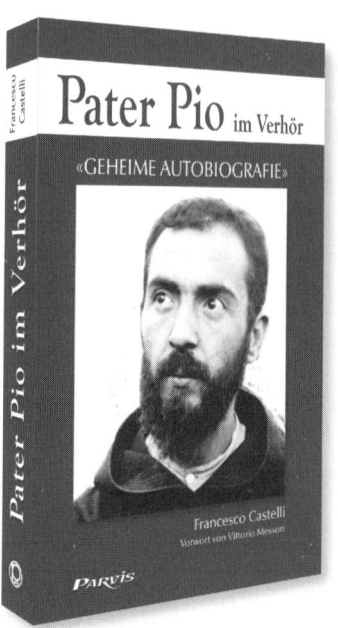

Pater Pio im Verhör
«Geheime Autobiografie»

Bischof Rossi hält sich acht Tage im Kloster Santa Maria delle Grazie auf. Er befragt zunächst die Mitbrüder des Kapuzinermönches. Danach befragt er die Priester der Gemeinde und schließlich Pater Pio selbst.

Jetzt, vierzig Jahre nach dem Tod des Heiligen, wird dieses außergewöhnliche Dokument, dank der sorgfältigen Recherchen von Pater F. Castelli, komplett veröffentlicht.

«Ein außergewöhnliches Dokument» nennt es Vittorio Messori, der bekannte italienische Journalist. In seinem Vorwort lädt er den Leser dazu ein, sich mit diesem Text auseinanderzusetzen. Wie ein Film spielt sich unter unseren Augen und aus verschiedenen Blickwinkeln eine Woche im Leben des Pater Pio ab. Was die Mitbrüder nicht wissen und erzählen können, das erzählt uns Pater Pio selber.

Pater F. Castelli, 320 Seiten, 14,5x22cm   € 22.– CHF 29.–

Heiliger Pio
aus Pietrelcina
durchsichtig auf Gott hin

Es ist viel über den heiligen Pio geschrieben worden, aber wenige wissen genau, wer der heilige Pio aus Pietrelcina war. Die zahlreichen Briefe an seine Seelenführer, die die Wunder beschreiben, die die Gnade in seiner Seele wirkte, sind der breiten Öffentlichkeit nicht bekannt. Außerdem sind diese Ausführungen über das mystische Leben sehr schwer verständlich.

Pater J. Derobert, 800 Seiten + 64 Seiten Illustr., 15x22 cm € 40.– CHF 49.–

Padre Pio,
Lehrer des Glaubens

Padre Pio war vor allem ein Mystiker. Seine Worte waren anspruchsvoll und unbequem, aber auch gütig und ermutigend. Dieses Buch legt eine Zusammenfassung dieser Lehre vor und führt uns in die «Glaubenslehre» von Padre Pio ein.

R. Allegri, 336 Seiten, 14,5x22 cm € 18.– CHF 25.–

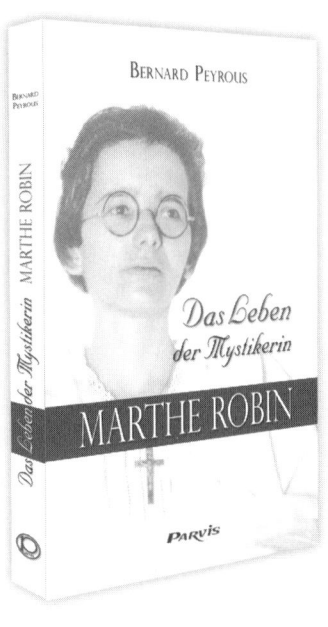

Das Leben der Mystikerin Marthe Robin

Marthe Robin (1902-1981) ist zweifellos eine der faszinierendsten Gestalten des zwanzigsten Jahrhunderts. Diese kleine Bäuerin, bettlägerig seit dem Alter von 18 Jahren bis zu ihrem Tod mit 78 Jahren, hat in ihrem Bauernhof mehr als 100000 Personen empfangen!

Marthe Robin gehört zu den Französinnen über die in unserer Zeit am meisten publiziert wurde. Das vorliegende Buch jedoch ist wirklich ein Nachschlagewerk (und wird es lange bleiben). Es ist dokumentarisch belegt durch mehr als tausend Zeugnisse, die seit ihrem Tod gesammelt wurden, und beruht auf einer gründlichen Kenntnis der Korrespondenz und der Aufzeichnungen von Marthe Robin.

B. Peyrous, 352 Seiten + 16 Seiten Illustr., 14,5x22 cm € 25.– CHF 35.–

Der Schlüssel zu den Schätzen Gottes
Rosenkränze, Litaneien, Novenen und Kreuzwegandachten

Eine der schönsten Sammlungen um die Gebetsstunden im eigenen Heim oder bei Gebetsgruppen vortrefflich und Abwechslungsreich zu gestalten.

P. F. Holböck, M.-T. Isenegger, mit kirchlicher Druckerlaubnis, 504 Seiten, 10,5x16,5 cm € 15.– CHF 21.–

Klopft an!
Es wird euch aufgetan!

Dieses Buch ist von besonderen Wert sowohl für den Gläubigen wie auch für den Pfarrklerus, denn Novenen werden ebenso von Einzelnen wie in Gemeinschaft verrichtet.

F. Holböck, M.-Th. Isenegger, 300 Seiten, 12x18,5 cm, mit kirchlicher Druckerlaubnis € 15.– CHF 21.–

«Der kleine Weg» der Theresia von Lisieux

Am 30. September 1897 starb im Karmel zu Lisieux Schwester Theresia vom Kinde Jesus, die Jahrhunderte nach dem heiligen Franz von Assisi eine Spiritualität lebte und vortrug, die auf einer Beziehung vollständigen Vertrauens auf Gott beruht.

René Lejeune, der Verfasser dieses kleinen Büchleins, hat es auf bewundernswerte Weise verstanden, die entscheidenden Ereignisse des kurzen, aber erbaulichen Lebens Theresias hervorzuheben und in einer Redeweise, die für jedermann zugänglich ist, den berühmten «kleinen Weg der Kindschaft» darzustellen, den die Betrachtung der Evangelien der Karmelitin von Lisieux eingab.

Durchdrungen von dieser Spiritualität, hat René Lejeune eine Novene zusammengestellt, die vom Herrn durch die Fürsprache Theresias einen Rosenregen von Gnaden für all jene erlangen sollte, die sie beten werden.

René Lejeune, 96 Seiten, 11x17 cm € 5.– CHF 7.–

Die Botin des Herzens Jesu
Heilige Margareta Maria Alacoque

Jesus offenbarte vor drei Jahrhunderten seine über-
große Liebe der hl. Margareta Maria (1647-1690).
Gott wollte die Herz-Jesu-Andacht in die ganze
Welt verbreiten, um in der Kirche die erkaltete Liebe
wieder neu zu entfachen. Dieses Buch enthält die
Verheißungen und Aufrufe Jesu zur Verehrung seines hl. Herzens.

Pater Paul-H. Schmidt, 128 Seiten + 8 Seiten Farbtafeln
11,5x17 cm € 10.– CHF 14.–

Wir beten
zum Heiligen Geist
Gebete und Lieder zum Heiligen Geist

Eine sehr schöne Gebetssammlung zum Heiligen Geist
mit Heilig-Geist-Lieder, Novenen, Rosenkränze, einen
Heilig-Geist-Monat und verschiedene Gebete zum
Heiligen Geist. Wirklich ein wertvolles Gebetbuch zur
Ehre des Heiligen Geistes! Als Geschenk sehr geeignet!

M.-Th. Isenegger, mit kirchlicher Druckerlaubnis
11,5x16,5 cm, 304 Seiten € 14.– CHF 19.–

Die Depression überleben

Eine katholische Annäherung

Die Depression kann jeden treffen, selbst einen Menschen, der aus tiefstem Herzen als Christ leben möchte.

Dieses Buch ist eine erfrischende, Trost spendende Annäherung an ein Leben mit der Depression.

Es bietet Aspekte aus der katholischen Tradition als Hilfe, um selbst die dunkelsten Zeiten dieser Krankheit zu überleben.

Das Buch enthält auch mutmachende Zeugnisse von Menschen, die mit einer Depression gelebt haben; Betrachtungen aus psychologischer, medizinischer und spiritueller Sicht; Ratschläge zur praktischen Selbsthilfe; Ratschläge für Freunde und Familienangehörige

Kathryn James Hermes, 176 Seiten, 13x20 cm
€ 13.– CHF 18.–

Die Depression überleben – Gebete

Dieses in seiner Art einmalige Gebetsbuch bietet Gebete von Menschen an, die die dunklen Tage und Nächte der Depression durchlitten haben und doch weiter in ihrem Glauben nach Licht und Kraft suchen. Zusammen mit beliebten, traditionellen katholischen Gebeten schenken sie den Trost und die Hoffnung, dass Gott den Verzweifelten nahe ist.

Eine wunderbare Ergänzung zum Buch «Die Depression überleben – Eine katholische Annäherung».

Kathryn James Hermes, 176 Seiten, 10,5x16,5 cm
€ 13.– CHF 18.–

Rosenkranz der Befreiung

Der Rosenkranz der Befreiung bringt uns durch den Glauben dazu, das Heilswerk anzunehmen, das Jesus am Kalvarienberg voll und ganz vollbracht hat. Denn im Leben aus dem Geist erlangt man alles durch den Glauben an Jesus, durch die Macht seines Wortes und seines Erlöserblutes.

Der Rosenkranz der Befreiung ist in keiner Weise eine magische Formel, sondern eine Verkündigung des Glaubens an das Wort Gottes. Indem wir dieses Wort im Glauben annehmen, können wir die wohlwollende Hand Gottes auf uns herabziehen. Wenn wir den Rosenkranz der Befreiung beten und dabei in unserem Herzen zutiefst auf die Liebe Jesus zu uns vertrauen, wirkt er wie geistliches Dynamit... Das ist aktiver Glaube! Und der Glaube kann alle Berge (Schwierigkeiten) versetzen, «denn bei Gott ist nichts unmöglich». (Lk 1,37)

Fast drei Millionen Exemplare von diesem Buch wurden auf Portugiesisch und auf Englisch verkauft. Sicher wird es auch bei den deutschsprachigen Lesern viel Gutes tun.

Regis und Maïsa Castro, 216 Seiten, 13x20 cm   € 14.–   CHF 19.–

Rosenkranz der Befreiung
Gebetsbildchen

Gefaltet, 6-seitig, 20 Stücke, 9x13,5 cm
€ 5.– CHF 7.–

Das Buch der Familie
Heilung und Rettung für Sie und Ihre Familie

Es geht um Ihre Rettung und um die Rettung Ihrer Familie. Wir stehen alle im Kampf «gegen die bösen Geister des himmlischen Bereichs», die unser Leben und unsere Familien zerstören wollen. Auf der Grundlage des Wortes Gottes und mit zahlreichen Bibelzitaten stellen wir Ihnen sechs mächtige Waffen im geistigen Kampf vor: Lassen Sie dem Teufel keinen Platz in Ihrer Familie! Kämpfen Sie jetzt für Ihre Familie… bevor es zu spät ist!

Regis und Maïsa Castro, 128 Seiten, 13x20 cm
€ 10.– CHF 14.–

365 Tage mit meinem Schutzengel

Diese Botschaften eines Schutzengels sollen einzeln nacheinander gelesen und bedacht werden. Jeden Tag eine. Sie sind «eingegeben». Ihr Wortlaut hat sich mühelos ergeben. Der, dem sie gleichsam «diktiert» wurden, führt sie nur aus.
Diese Botschaften sind ein Widerhall des Evangeliums, der Guten Nachricht, die den Menschen von Jesus Christus verkündigt worden ist. Oder auch ein Widerschein des irdischen Lebens des Gottessohnes.

René Lejeune, 192 Seiten, 11,5x17 cm
€ 9.– CHF 12.50

Wie Gold
im Feuer geläutert

Karl Leisner (1915-1945)

Lange zögert er zwischen Priesteramt und Ehe. 1939 wird er Diakon, die Gestapo verhaftet ihn und führt ihn ins KZ Dachau. Ein französischer Bischof spendet ihm dort im geheimen die Priesterweihe. Am 12.8.1945 erfüllt sich sein Leben in der Liebe Gottes.

René Lejeune, 310 Seiten + 16. Seiten s/w-Abb.
13x20 cm   € 13.– CHF 18.–

Die Menschheit
an der Schwelle
ihrer Befreiung

Jesus analysiert hier die Lage der Welt und der Kirche, legt den Finger auf Versäumnisse und ruft die Lehren und Weisungen in Erinnerung, die er seinen Aposteln gegeben hat und die ihre volle Wirksamkeit auch für unsere Zeit behalten.
Der Herr kündet auch den nahen Triumph Mariens und seine eigene allgemeine Herrschaft in den Herzen der Menschen an.

Msgr. O. Michelini, 352 Seiten, 14,5x21 cm
€ 15.– CHF 21.–